Statale34

Amato Russomanno

Lo stratega

Statale34

Titolo | Lo stratega
Autore | Amato Russomanno
Immagine di copertina | creata da Chiara Russomanno

ISBN | 9788891156433

www.statale34.it
www.chiararussomanno.it

E-mail autore: amatorussomanno@alice.it

Youcanprint *Self-Publishing*
Via Roma, 73 - 73039 Tricase (LE) - Italy
www.youcanprint.it
info@youcanprint.it

*Per vivere con onore bisogna struggersi, battersi, sbagliare
e ricominciare da capo e buttare via tutto,
e di nuovo ricominciare e lottare
e perdere eternamente.*

Leone Tolstoj

Quando perdi, non perdere la lezione

Dalai Lama

Un vincitore è solo un sognatore che non si è arreso.

Nelson Mandela

Premessa

Lo Stratega è un breve scritto che trae ispirazione da un antico trattato di arte militare dal titolo *Sun-tzu Ping-fa*, letteralmente *L'arte della guerra del maestro Sun*.
L'autore è *Sun-Tzu,* un leggendario generale vissuto in Cina intorno al sesto secolo a.C.
L'opera, conosciuta in Italia col titolo abbreviato di *L'arte della guerra,* si compone di tredici capitoli, ognuno dedicato ad un aspetto dell'arte bellica.
È un trattato di argomento rigorosamente militare, che di null'altro si occupa, se non delle strategie per il conseguimento della vittoria.

Eppure, quasi ad ogni riga, si ha la sensazione che il tema vero sia altro e che, sotto l'apparenza, si nasconda un senso più profondo.

Tutto ciò che viene esposto, e spiegato con meticolosa attenzione ai dettagli, ha valore anche al di fuori del contesto militare, e sembra adattarsi ad ogni situazione dell'esistenza umana.

E allora, appare chiaro che Sun-Tzu,

scrivendo dell'arte della guerra,
evoca l'arte della vita

La sua è una modalità di scrittura molto efficace che, evitando di affrontare l'argomento in maniera diretta, rappresenta una brillante applicazione dell'arte militare alla tecnica della comunicazione.

Quest'ultima affermazione non è immediata e richiede un breve approfondimento.

Certezze e convinzioni, non solo albergano nella mente umana, ma la occupano e la possiedono, determinando il modo in cui il pensiero viene successivamente costruito. Infatti delimitano e limitano le direzioni lungo cui gli è permesso di svilupparsi.
Così, il pensiero, prende la forma di

**un sistema di credenze
che concepisce certe possibilità,
ma ne esclude e nega molte altre**

Nel tempo, riaffermando continuamente sé stesso, il sistema di credenze, si irrigidisce sempre di più e la sua tendenza ad escludere si potenzia a dismisura. In sostanza,

**il sistema di credenze
diventa un esercito che,
schierato ai confini della mente,
ne difende i territori e gli abitanti**

Chi sono questi abitanti? Certamente sono i pensieri. Molti pensieri sono però abitanti non residenti: turisti, villeggianti, ospiti. Sono di passaggio, vanno e vengono, in maniera continuamente mutevole. Ci sono però anche abitanti residenti che abitano il luogo stabilmente e vi possiedono case, terreni e proprietà. Sono i pensieri che risiedono nella mente in maniera forte e stabile, e se ne considerano i legittimi e definitivi proprietari.
Sono le sicurezze, le convinzioni e le certezze.
È a loro difesa che il sistema di credenze combatte il nuovo e lo sconosciuto, perché interpreta ciò che è straniero e diverso, come una minaccia e un nemico.
Essenzialmente il sistema di credenze combatte i punti di vista differenti, e lo fa con forza tanto maggiore, quanto più essi sono rivoluzionari, elevati e grandiosi.
Le armi sono quelle della censura, della negazione, della confutazione, del giudizio e del pregiudizio.

Sun-Tzu sa bene che comunicare attraverso uno scritto riflessioni profonde sulla vita, richiede di

**sconfiggere un nemico
che è il sistema di credenze
di colui che legge**

Non pensa però di vincerlo attaccandolo frontalmente con le armi della dialettica, delle argomentazioni logiche o filosofiche, ma, pacificamente, fingendo di occuparsi d'altro.

In tal modo applica coerentemente i suoi concetti di strategia militare. Infatti nel capitolo tre del suo trattato afferma:

**la strategia perfetta consiste
nel vincere il nemico senza combattere
e nell'espugnarne le fortezze senza attaccarle**

E così, scrivendo esclusivamente dell'arte della guerra, sviluppa in dettaglio, a ritmo crescente, tutto un sistema di similitudini e analogie con la vita, che funzionano perfettamente.
Esse entrano in risonanza con la mente del lettore che vibra per simpatia e affinità, e riescono a raggiungerla, coinvolgerla, e infine, ad accedervi.

Il sistema di credenze, non avendo riconosciuto la minaccia, non ha applicato le sue censure e non si è accorto di essere stato scavalcato.
Così, alla fine,

**il nuovo penetra,
e infonde nuova vita**

ad una mente stanca, impaurita, chiusa e ormai quasi completamente spenta e priva di vitalità.

Ciò mostra la potenza del *pensiero analogico* che costituisce il perfetto complemento del *pensiero logico*.

Quando queste due modalità di pensiero si incontrano e si sposano nasce un figlio che è *la comprensione*.
Il tempio in cui si celebrano queste nozze alchemiche è il tempio dell'essere.
Lo sviluppo dell'essere e della comprensione sono intimamente collegati e interdipendenti. È un concetto insolito, che sembra lontano dalla realtà, ma solo perché è celato nella profondità del vivere. Infatti, non può neppure essere intravisto dagli uomini la cui attenzione è totalmente assorbita dalle apparenze.

Il presente scritto propone l'idea dell'essere e spera di offrire la prospettiva del suo possibile sviluppo.

Lo Stratega tratta della crescita dell'essere.
Lo fa, indirettamente, alla maniera di Sun-Tzu, per non incorrere nella censura dei sistemi di credenze, dato che il tema è inusuale e del tutto estraneo agli schemi del pensiero comune. Infatti

**la cultura corrente
non contempla l'idea dell'essere
cui sostituisce
l'apparire, il sapere e l'avere**

Per questo concepisce perfettamente lo sviluppo dell'apparire, del sapere e dell'avere, ma resta cieca a quello dell'essere. Inevitabilmente, la società umana persegue i primi e ignora il secondo.

Persegue lo sviluppo dell'apparire lavorando per l'esaltazione della forma.

L'attenzione viene sempre più spostata dall'essenza alla forma. Nuove forme, sempre più esteriori, attraenti e seduttive vengono continuamente create. Un esempio lampante è quello della realtà virtuale, che si allontana sempre più dal mondo reale, e, progressivamente, perde l'idea stessa di esperienza e di verifica.
È una fuga e un distacco dalla realtà che avviene per *mancanza di essere* nell'uomo.

Persegue lo sviluppo del sapere lavorando per il proliferare delle conoscenze.

La ricerca scientifica si affina continuamente e produce innumerevoli conoscenze dettagliate e specialistiche.
La realtà viene divisa in frammenti sempre più piccoli che vengono indagati con strumenti via via più potenti e precisi. Questi frammenti, però, restano separati e non vi è la capacità di riassemblarli in un'unità organica. Il sapere non sfocia mai nella comprensione.
È una superficialità della conoscenza che avviene per *mancanza di essere* nell'uomo.

Persegue lo sviluppo dell'avere lavorando per la creazione della ricchezza.

Beni di ogni tipo vengono prodotti in quantità pressoché illimitate, sfruttando in modo sempre più intensivo le risorse del pianeta, grazie all'impiego di tecnologie potentissime.

Nonostante l'immensità della ricchezza prodotta, miliardi di uomini vivono in estrema povertà e moltissimi, soprattutto bambini, muoiono per la fame e le malattie.

Le guerre, poi, si susseguono senza sosta e i problemi dell'ambiente restano senza soluzione.

Non si riesce neppure a smaltire gli oggetti prodotti che, spesso, vengono eliminati senza neppure essere stati utilizzati.

È un ciclo produttivo che si svolge senza vantaggio per l'umanità e con immenso danno per il pianeta e che consiste nel fabbricare per distruggere.

Esso vede tre fasi: la produzione (il lavoro dell'uomo e delle macchine), l'economia (il denaro che circola) e il vero cliente finale che sono le discariche (luoghi del pianeta costretti ad assorbire sostanze da cui vengono avvelenati).

L'uomo vive in una paranoica prigione della mente che lo costringe compulsivamente a produrre, vendere, comprare, consumare, rottamare, inquinare, ammalarsi, morire, distruggere l'ambiente e pregiudicare il futuro dell'esistenza umana.

È un abuso e una violenza sulla natura e sulla vita che avviene per *mancanza di essere* nell'uomo.

Concludiamo che la *mancanza di essere* fa sì che apparenza, conoscenza, e ricchezza, diventino nocive anziché utili, ritorcendosi contro chi le ha generate. Complicano invece che semplificare, impediscono invece che permettere, imprigionano invece che liberare.

Proprio per questa *mancanza di essere,* ogni cosa si trasforma nel suo contrario: la valorizzazione della forma diventa fuga dalla realtà, l'enorme conoscenza diventa enorme ignoranza e l'immensa ricchezza diventa immensa povertà.

Detto questo, diventa forse più chiara l'affermazione secondo cui *la cultura moderna non possiede l'idea dell'essere e del suo sviluppo.*

È un peccato, perché è il concetto più importante, visto che ha a che fare con la creazione del valore, e quindi con la coscienza, la responsabilità, la libertà e la pace. L'essere è all'origine della vera vita e alla base di ogni possibile forma di felicità.

Apparire, sapere e avere, invece, costituiscono l'alibi che *la cultura della vanità* adotta per non affrontare il grande tema del vivere su cui Amleto si interroga e ci interroga con la celebre domanda:

Essere o non essere?

La medesima domanda, la propone Gesù (Lc 9,25) chiedendo:

**A che serve all'uomo guadagnare il mondo intero,
se poi perde se stesso?**

L'essere riguarda il valore e la qualità della vita e non la quantità di ciò che essa contiene.
Lo sviluppo dell'essere è la crescita di quel valore.
È una nuova vita, cioè, una rinascita.
Per poter rinascere, bisogna prima morire.
È grazie al dissolvimento dei limiti che il vecchio muore, la coscienza si amplia e nuove funzioni appaiono nell'essere umano.

Attualmente la storia dell'umanità è giunta alla fine di un ciclo, come testimonia il progressivo disfacimento di tutti i vecchi modelli di vita.
Un nuovo inizio è possibile, ma richiede un *rinnovamento dell'essere*, una ridefinizione di ciò che significa *essere uomo* e una rinnovata profonda comprensione del significato della parola *Umanità*.
Da quanto detto risulta che

**reintrodurre nella cultura umana
l'idea dell'essere e del suo sviluppo,
è un passo necessario
perché esista un futuro**

Torniamo a noi: il breve testo che segue parla dello stratega.

Egli era un guerriero che, morendo al suo essere guerriero, è rinato come stratega.

In seguito si prepara a morire al suo essere stratega, per poter rinascere come sovrano.

È la descrizione di un percorso evolutivo che avviene grazie ad un viaggio attraverso i mondi. Non sono i mondi che evolvono e neppure i nomi e le forme, ma è l'essere che evolve. Lo fa attraversando quei mondi e assumendo quei nomi e quelle forme.

Esiste l'essere e la forma.

L'essere, assumendo una forma, la accende, la anima e la rende viva; quando la abbandona essa si spegne e ritorna ad essere ciò che era: una forma senza vita.

Mentre le forme nascono e muoiono, l'essere si evolve.

**L'essere non nasce,
non muore,
ma perennemente,
si trasforma.**

Lo stratega

Lo stratega è maestro dell'arte della guerra

Servono molti valorosi guerrieri per produrre, talvolta,

uno stratega

Lo stratega e il guerriero

Lo stratega è molto di più del guerriero

di cui possiede il coraggio e la forza

che completa con virtù superiori:

l'equilibrio, la pazienza e la chiara visione.

La visione è chiara perché ampia e profonda.

La profondità deriva da un pensiero

capace di penetrare,

l'ampiezza da un pensiero

capace di collegare.

La penetrazione si oppone al collegamento,

il collegamento alla penetrazione,

ma è dall'armonia di questi opposti

che nasce la chiarezza.

La penetrazione

è la capacità di superare la forma

spostando l'attenzione dagli effetti,

visibili ed esterni,

alle cause,

invisibili ed interne.

Il collegamento

è la capacità di accomunare le forme

di un piano di esistenza,

indipendentemente dalla loro distanza apparente,

seguendo le connessioni invisibili

e riconoscendo la "non località" del significato.

La penetrazione è il risalire,

il collegamento il riconoscere.

Il collegamento che penetra

o la penetrazione che collega

determinano dunque la chiara visione.

La chiara visione può essere testimone

della nascita del mondo (espirazione)

osservando come le cause

muovono le energie

per produrre le forme.

La chiara visione può assistere anche

alla fine del mondo (inspirazione)

osservando come le forme

si dissolvono

liberando le energie

che ritornano alle cause.

Così la chiara visione riconosce l'Unità

nella molteplicità

e l'uomo che la possiede,

interpreta il contatto con qualunque cosa

come contatto con Dio.

Lo stratega e la battaglia

Il guerriero ama la battaglia e ambisce la vittoria

Lo stratega accetta la battaglia

solo quando è inevitabile,

né si preoccupa della vittoria.

Il suo scopo non è vincere,

ma diventare invincibile.

Lo stratega sa che ogni battaglia ha esito incerto

e che comunque, anche una battaglia vittoriosa,

indebolirà il suo esercito,

perciò considera una vittoria

alla stessa stregua di una sconfitta.

Lo stratega non cerca quindi il combattimento,

ma predispone con cura quelle condizioni

che di fronte alla necessità della battaglia,

rendano minima l'incertezza dell'esito

e insignificanti le perdite.

Lo stratega, prima ancora che sul campo,

vince la guerra

nel territorio della propria visione,

nel tempo della propria pazienza

e nella pace del proprio equilibrio.

Il perfetto stratega

vince tutte le guerre

senza combatterne nessuna.

Lo stratega e il nemico

Il guerriero uccide i nemici.

Lo stratega sa che chi uccide

è dominato dall'odio,

che l'odio è debolezza

e che la debolezza

conduce inesorabilmente alla sconfitta.

Lo stratega non odia il nemico, anzi lo ama.

E ama definirlo avversario, piuttosto che nemico,

poiché vede in lui un compagno di giochi

con cui addestrarsi nell'arte della guerra:

non minaccia né limite,

ma piuttosto possibilità di apprendere.

Lo stratega non cerca

neppure la disfatta dell'esercito nemico.

Infatti egli sa che il Regno è sterminato

e che per governarlo non bastano

le sue sole forze.

Lo scopo dello stratega non è distruggere il nemico,

ma trasformarlo e, trasformandolo,

trasformare sé stesso,

in modo da ottenere da due eserciti

un solo, grande, invincibile esercito.

Perciò quando cattura i prigionieri

non li tortura e non li uccide,

ma li veste e li nutre,

li fa lavorare e li retribuisce,

dà loro la possibilità di comunicare con le famiglie

e di inviare il denaro guadagnato.

In tal modo, inevitabilmente,

la fiducia si sostituisce alla paura,

la comprensione all'odio

e il desiderio di pace alla sete di guerra.

E sovente il prigioniero,

finita la guerra e riacquistata la libertà,

preferisce chiamare a sé la famiglia nella nuova patria

anziché raggiungerla nella vecchia.

In tal modo, la Possibilità si compie

e l'Unificazione si realizza.

Tutto ciò mostra che lo stratega

è un guerriero scaltro e intelligente,

divenuto maestro nell'arte della guerra,

allo scopo di realizzare la pace.

Lo stratega e la morte

Lo stratega e il guerriero sono ugualmente coraggiosi,

ma il coraggio dell'uno differisce profondamente

da quello dell'altro.

Il guerriero sa che un giorno incontrerà un nemico

più forte e valoroso di lui

e quel giorno verrà ucciso.

Egli teme la morte, che considera certa,

ciononostante non fugge, ma affronta il suo destino:

in ciò consiste il coraggio del guerriero.

Il guerriero è un uomo

consapevole della propria condizione

che teme la morte e, temendo la morte,

mette a frutto la vita.

Il guerriero non comprende però,

che se la morte non può essere sconfitta,

può pero essere ingannata.

È sufficiente far sì che,

allorché l'Esattore inflessibile busserà alla porta,

pretendendo il pagamento del Debito,

trovi la casa vuota.

Non potrà così far altro che allontanarsi,

col magro bottino di un corpo senza vita,

mentre, chi animava quel corpo,

si è spostato altrove.

Tutto ciò è ben noto allo stratega

che non teme la morte e non la fugge,

ma, anzi, la cerca.

Infatti lo stratega sa che l'invincibilità a cui egli tende

è un attributo dell'immortalità

e che è immortale, cioè non può morire,

soltanto chi è già morto.

Perciò la sua più alta strategia consiste

nel produrre volontariamente la propria morte.

Nella ricerca volontaria della morte

risiede il grande coraggio dello stratega.

Ogni giorno,

progredendo nella unificazione del Regno,

egli crea un po' della sua morte

e allorché il regno sarà unificato,

le strategie diverranno inutili e lo stratega,

terminato il suo compito,

morirà.

Morendo come stratega,

rinascerà come Sovrano.

Servono molti geniali strateghi per produrre, talvolta,

un Sovrano.

Conclusione

Il guerriero, lo stratega e il sovrano rappresentano mondi retti da leggi e funzionamenti diversi. Il percorso che li attraversa è un viaggio della coscienza.
Il viaggio attraverso tre mondi è l'evoluzione.
L'evoluzione ha sempre un prima e un poi.

Che cosa c'è prima del guerriero?

Prima del guerriero c'è il vagabondo, prima del vagabondo c'è il bambino, prima del bambino c'è il Nulla.

E che cosa dopo il sovrano?

Dopo il sovrano c'è il saggio, dopo il saggio c'è il Tutto.

Il Nulla

Il nulla non contiene materia ed è vuoto.
Contiene però infinite possibilità.
È vuoto di materia, ma pieno di possibilità.
Quando il nulla contempla se stesso, nasce il punto.

Il punto

Il bambino

Il punto è la prima possibilità realizzata: è l'inizio. Il punto è una realtà piccolissima in uno spazio enorme. È l'infinitesimo di fronte all'infinito. È il bambino di fronte alla vita. Il bambino, guardando la vita, vede un mondo dalle infinite possibilità: *il Regno dei cieli*. L'atteggiamento del bambino è lo stupore. Quando il bambino si sente attratto dal mondo, produce il movimento.

Il movimento

Il movimento all'inizio è mutevole e la sua direzione cambia continuamente. È come un vagabondo che va dappertutto, ma non arriva mai da nessuna parte. La sua traiettoria è simile ad un gomitolo, si intreccia intorno ad un punto, ma non si sposta mai veramente. La caratteristica del vagabondo è la mutevolezza, egli si muove continuamente sotto l'impulso del momento. Qualche volta, casualmente, si sposta un po'. Allora crea un nuovo gomitolo intorno alla nuova posizione. La vita del vagabondo è una serie di gomitoli disseminati ovunque e dimenticati. La morte del vagabondo è l'interruzione dell'ultimo gomitolo. La morte è per lui un'ingiustizia: arriva, inopportuna, proprio mentre sta completando il suo gomitolo. Il vagabondo non ha intento né memoria e non ricorda che, nella vita, non ha fatto altro che gomitoli. A volte però si interroga profondamente sulla vita e sulla morte e riesce a produrre un intento. Nasce così, in lui, l'idea di una direzione costante. Imprimendo una direzione al suo movimento, crea la retta.

La retta

Il guerriero

Il movimento in linea retta, ha una direzione perché è retto da un'intenzione. L'intenzione è quella di andare da un punto iniziale ad un punto finale lungo la via più breve. Chi la sceglie sa che circostanze ed eventi cercheranno di deviare il movimento, ma ha deciso di superare le difficoltà e vincere tutti gli ostacoli. Questa decisione fa di lui un guerriero. Il guerriero sviluppa forza, costanza, volontà e coraggio. Il guerriero non ha scelta, deve sempre andare avanti. Per lui avanzare è il bene, retrocedere è il male. Chi ostacola il movimento è un nemico e va combattuto. L'unica possibilità che concepisce è muoversi lungo la retta. Per questo vive rettamente e ha per virtù la rettitudine. La sua morte coincide col un estremo del segmento di retta che è la sua vita. La morte è per lui la fine di tutto, ed è la sconfitta nell'ultima battaglia. Infatti finendo il movimento lungo la retta, finisce tutto. Quando però comprende che esistono numerose altre rette, e quindi moltissime direzioni, incomincia a concepire il piano.

Il piano

Lo stratega

Il piano è l'esistenza di infinite direzioni perché per ogni punto passano infinite rette. Nel piano vi è la possibilità di scegliere una direzione e poi cambiarla. Il piano rappresenta quindi la scelta. Per scegliere bisogna porsi domande, fare analisi, valutazioni, trovare risposte, elaborare strategie, tutte attività che assumono un senso solo in relazione a uno scopo. Chi ha uno scopo e valuta tutto in relazione ad esso è uno stratega. Lo stratega non pensa in termini di bene o male, ma di utile o dannoso allo scopo. A differenza del guerriero, lo stratega comprende che chi combatte non può vincere. Per vincere bisogna smettere di combattere. Lo stratega non combatte, ma progetta e calcola. Vive nel piano e pianifica. Mentre pianifica, pacifica. Le sue virtù sono la pace e la creatività. È sempre capace di trovare soluzioni a qualunque problema, incluso quello della morte. Per lui la morte è la fine di un progetto, ma non la fine di tutto. Perciò pianifica anche la sua morte, per poter uscire dal piano e finalmente muoversi nello spazio.

Lo spazio

Il sovrano

Lo spazio è la dimensione ove si svolge la vita e si sviluppa la coscienza. È il luogo in cui si può spaziare, cioè muoversi in un cammino di evoluzione. Per farlo è necessaria la conoscenza e la padronanza di sé stessi. Esse sono le caratteristiche del sovrano. Il sovrano è colui che crea la propria realtà perché ha potere sulla propria vita e ha padronanza di sé. Il guerriero combatte, lo stratega calcola, il sovrano crea. Egli crea la propria vita, la propria giornata, la propria ora, il proprio minuto e il proprio attimo. Così sviluppa la padronanza di sé in maniera piena.
Allora non si identifica più col corpo, e riconosce che la morte, è sì la fine del corpo, ma non la fine della coscienza.

La coscienza

Il saggio

La coscienza è la realtà del saggio, la realtà di colui
che tutto contempla da una dimensione senza tempo,
la realtà di colui che è.

Riassumendo:

il bambino si stupisce,
il vagabondo si perde,
il guerriero combatte,
lo stratega pacifica,
il sovrano crea,
il saggio contempla

Che cosa contempla il saggio?
Contempla il Tutto.

Il Tutto

Il Tutto è la pienezza, l'esistenza e la realizzazione di tutte le possibilità, di tutto il possibile.

Il Tutto è la perfezione, la potenzialità del Nulla portata a compimento e resa manifesta.

Il Tutto è pieno di manifestazione, ma vuoto di possibilità.

Il Tutto,
contemplando se stesso,
si vuota della pienezza
e ritorna al
Nulla.
Così la Possibilità rinasce
e la Vita ricomincia.

Indice

Nella stessa collana:

Essenzialità

Mille Pensieri di Libertà

Le leggi di funzionamento

Lo stratega

Incontri vol.1

Incontri vol.2

Incontri vol.3

Finito di stampare nel mese di Settembre 2014
per conto di Youcanprint *Self - Publishing*